LESESTUFE 1

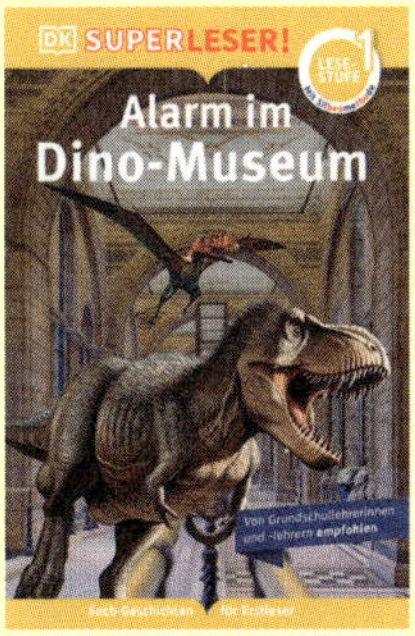
DK SUPERLESER!
Alarm im Dino-Museum

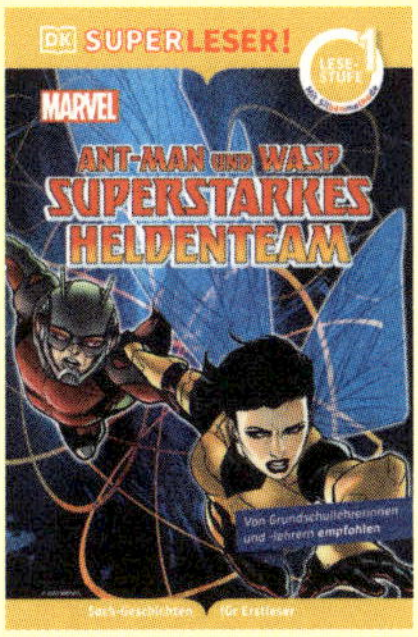
DK SUPERLESER!
MARVEL
ANT-MAN UND WASP
SUPERSTARKES HELDENTEAM

STAR WARS
DIE ABENTEUER DER JUNGEN JEDI
DIE JUNGEN JEDI

Yodas Mission

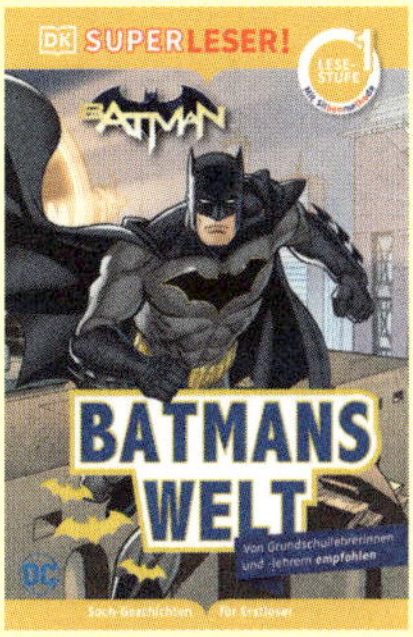
DK SUPERLESER!
BATMAN
BATMANS WELT

DK SUPERLESER!
MARVEL
CAPTAIN MARVEL
SUPERSTARKE HELDIN

DK SUPERLESER!
STAR WARS
THE MANDALORIAN
Die Abenteuer von Din Djarin

DK SUPERLESER!
STAR WARS
THE MANDALORIAN
GROGUS ABENTEUER

DK SUPERLESER!
Hallo, Igel!

DK SUPERLESER!
Insekten top getarnt

DK SUPERLESER!
MARVEL
SUPER SCHURKEN

DK SUPERLESER!
Wo bist du kleiner Delfin?

DK SUPERLESER!
Nachwuchs bei uns im Zoo

DK SUPERLESER!
Tiere des Regenwalds

DK SUPERLESER!
WOOZLE GOOZLE
GENIALE TIERE

DK SUPERLESER!
WOOZLE GOOZLE
WELTRAUMABENTEUER

STAR WARS™
RAUMSCHIFFE DER GALAXIS

Text: Laura Buller und Tori Kosara

Lektorat Tori Kosara, Lisa Stock, Anant Sagar, Sadie Smith,
Chitra Subramanyam, Julie Ferris, Simon Beecroft
Gestaltung und Bildredaktion Karan Chaudhary, Umesh Singh Rawat,
Neha Ahuja, Ron Stobbart, Lisa Lanzarini, Mark Richards
Herstellung Siu Yin Chan, Sunil Sharma, Alex Bell
Beratung Linda B. Gambrell

Für Lucasfilm:
Lektorat Jonathan W. Rinzler
Gestaltung und Bildredaktion Troy Alders
Story Group Rayne Roberts, Pablo Hidalgo, Leland Chee

Für die deutsche Ausgabe:
Projektbetreuung Sebastian Twardokus
Herstellungskoordination Bettina Bähnsch
Herstellung Evely Xie

Titel der englischen Originalausgabe:
Star Wars Star Pilot

Übersetzung Marc Winter

ISBN 978-3-8310-4776-5
5902-276427-23284-03

Druck und Bindung TBB, a.s., Slowakei

MIX
Papier | Fördert gute Waldnutzung
FSC® C018179

www.dk-verlag.de

Inhalt

Willkommen auf Naboo

Theed

Naboos Hauptstadt ist für ihre eindrucksvolle Architektur bekannt. Besonders der Palast der Königin ist absolut sehenswert. Er steht am Rand einer Steilklippe!

Varykino

Diese Villa in einem See ist von Bergen und Wasserfällen umringt – der ideale Ort für romantische Urlaube oder eine heimliche Hochzeit.

Otoh Gunga

Diese Stadt wurde mit einzigartiger Gungan-Technik errichtet und liegt vollständig unter Wasser. Die einzelnen Blasen glitzern wie Juwelen.

Große Grasebene

Die Große Grasebene ist ein weitläufiger Bereich im Süden der Stadt Theed. Große Schlachten fanden dort statt, aber die schöne Landschaft genießt man am besten beim Wandern.

Droidenkontrollschiff

Die Handelsföderation ist eine mächtige Gruppe gieriger Händler aus der ganzen Galaxis. Ihre Mitglieder fliegen in großen, ringförmigen Frachtschiffen umher.
Die Handelsföderation ist unzufrieden mit der Galaktischen Republik, die die Galaxis regiert. Um sich auf einen Krieg vorzubereiten, hat die Handelsföderation ihre Frachter zu Schlachtschiffen umgebaut.

Die Schiffe sind mit Geschützen ausgestattet und haben Kampfdroiden an Bord.
Das Droidenkontrollschiff ist das wichtigste Schiff in der Flotte der Handelsföderation. Es ist mit Computern und Spezialgeräten ausgerüstet, mit denen die Kampfdroiden ferngesteuert werden. Ohne die Signale des Kontrollschiffs können die Droiden nicht ihren Aufgaben nachgehen.

Die Anführer der Handelsföderation wollen der Republik beweisen, wie mächtig sie sind. Deshalb greifen sie den friedlichen Planeten Naboo an.

Das Droidenkontrollschiff über Naboo wird von Piloten in dessen kugelförmigem Kernschiff gesteuert, das sich innerhalb des Außenrings befindet. Dieses Kernschiff enthält auch den Antriebsreaktor, der aber nicht besonders gut geschützt ist. Der junge, talentierte Pilot Anakin Skywalker findet das heraus, als er eine Reihe von Explosionen auslöst, die das gesamte Droidenkontrollschiff zerstören. In Anakins eigenen Worten: „Ups!“

Im Dienst

Darth Sidious hat den geheimen Plan, über die Galaxis zu herrschen. Dafür muss der Sith-Lord sein wahres Ich verbergen und andere die schmutzige Arbeit für sich erledigen lassen.

Darth Sidious

Der böse Sith-Lord verspricht der gierigen Handelsföderation Geld und Macht, wenn deren Anführer tun, was er will.

Handelsföderation

Die Neimoidianer, die die Handelsföderation anführen, fürchten sich vor Darth Sidious. Sie tun alles, was er sagt.

der Sith

Geheime Armee

Die Handelsföderation baut auf Befehl von Darth Sidious heimlich eine schlagkräftige Droidenarmee.

Invasion von Naboo

Die Droidenarmee wird auf dem Planeten Naboo eingesetzt. Das führt zu einer galaktischen Krise.

Königliches Raumschiff

Das Königliche Raumschiff von Naboo ist einer Königin würdig. Antrieb und Ausrüstung sind vom Feinsten. Im Inneren ist es so prachtvoll wie in einem Palast. Bis hin zur Verkabelung in den Wänden ist alles ordentlich und gepflegt. Selbst die silberne Hülle ist auf Hochglanz poliert – das unverkennbare Erkennungszeichen der Schiffe des Königshauses.

Weil die Königin ihr Raumschiff nur für Friedensmissionen nutzt, ist es nicht bewaffnet. Während ihrer Zeit als Naboos gewählte Herrscherin fliegt Königin Amidala mit ihrem Königlichen Raumschiff auch auf Staatsbesuche. Ihre treuen Zofen, Leibwachen und die Schiffscrew stehen ihr dabei stets hilfreich zur Seite.

Podrenner

Werte Herrschaften … und Schurken! Zündet die Triebwerke! Das Podrennen ist eine in der ganzen Galaxis beliebte Extremsportart. Mehr als ein Dutzend Podrennpiloten treten gegeneinander an und rasen mit Geschwindigkeiten von über 800 km/h die Strecke entlang. Sie geben dabei alles, um Unfälle zu vermeiden.

Am Tag eines großen Podrennens liegt die Spannung förmlich in der Luft. Oder ist das nur der Geruch des starken Treibstoffs, der diese superschnellen Fahrzeuge antreibt?

Im Grunde besteht ein Podrenner aus einer Cockpitgondel, in der der Pilot sitzt, und zwei mit Kabeln verbundenen Triebwerken. Aber kein Podrenner ist wie der andere!

Podrennpiloten bauen viele Extras in ihre Fahrzeuge ein, um sie noch schneller zu machen. Im Rennen zählt jede Sekunde! Anakin Skywalker ist der einzige Mensch, der gut genug ist, um einen Podrenner zu steuern. Der Neunjährige ist auch ein talentierter Mechaniker. Er verbessert seinen selbst gebauten Podrenner ständig mit Ersatzteilen aus dem Schrottladen, in dem er arbeitet.

Anakins mechanische Fähigkeiten sind ebenso bemerkenswert wie sein Können als Pilot. Podrennfans reden noch heute über seinen Sieg beim Boonta-Eve-Classic-Rennen, wo er den großen Favoriten Sebulba schlug!

Podrennstars

Alles startklar für das Boonta-Eve-Rennen auf Tatooine – das größte Podrennspektakel auf dieser Seite der Galaxis! Hier sind einige der wagemutigen Piloten, die heute mit dabei sind.

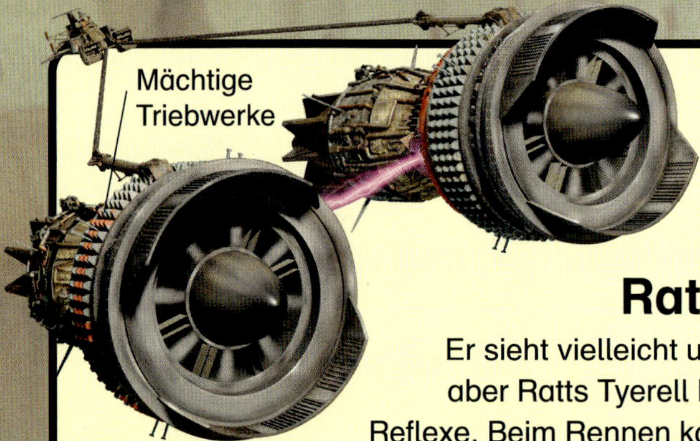

Ratts Tyerell

Er sieht vielleicht unscheinbar aus, aber Ratts Tyerell hat blitzschnelle Reflexe. Beim Rennen kann er im Bruchteil von Sekunden Entscheidungen treffen.

Gasgano

Gasgano hat 24 Finger. Damit erledigt er viele Aufgaben gleichzeitig, wie das Überprüfen von Ölstand und Treibstoffzufuhr.

Ben Quadinaros

Ben ist ein Podrennpilot ohne viel Erfahrung, den man sonst eher auf Amateurstrecken findet. Ben hat sich extra für das Boonta Eve Classic einen BT310-Quadra-Podrenner geliehen.

Teemto Pagalies

Teemto entdeckte sein Talent für Podrennen, nachdem er von zu Hause weggerannt war. Er ist sehr stolz auf seinen starken IPG-X1131-Langrumpf-Podrenner.

N-1-Sternenjäger von Naboo

In Friedenszeiten fliegen N-1-Sternenjäger als Geleit neben dem Raumschiff der Königin von Naboo. Aber wenn Gefahr droht, müssen sie auch schon mal ihre beiden Blasterkanonen einsetzen!
Als Anakin Skywalker sich in einem N-1-Jäger versteckt, zündet er aus Versehen die Triebwerke und startet in die Lüfte.
Er fliegt mitten in ein Gefecht zwischen der Handelsföderation und Naboo!
Anakin weicht dem Beschuss durch die feindlichen Schiffe aus. Er nutzt alles, was er als Podrennpilot gelernt hat, um ins Droidenkontrollschiff einzudringen und den Antrieb zu zerstören. Das beendet das Gefecht, weil die ganze Droidenarmee der Handelsföderation von diesem Schiff kontrolliert wird. Anakin wird zum Helden.

Jango Fetts Raumschiff

Wenn Jango Fett mit seinem Raumschiff hinter dir her ist, gibt es kein Entrinnen. Jango ist ein Kopfgeldjäger. Er ergreift oft Verbrecher, die vor der Verfolgung durch das Gesetz fliehen. Wenn er sie dann ausliefert, kassiert er eine Belohnung. Ein guter Kopfgeldjäger braucht ein Schiff, das ihn an jeden Ort in der Galaxis bringt. Das Schiff muss stark bewaffnet sein, um es mit jedem aufnehmen zu können, der seinen Weg kreuzt. Eine sichere Zelle für Gefangene ist ebenfalls hilfreich.

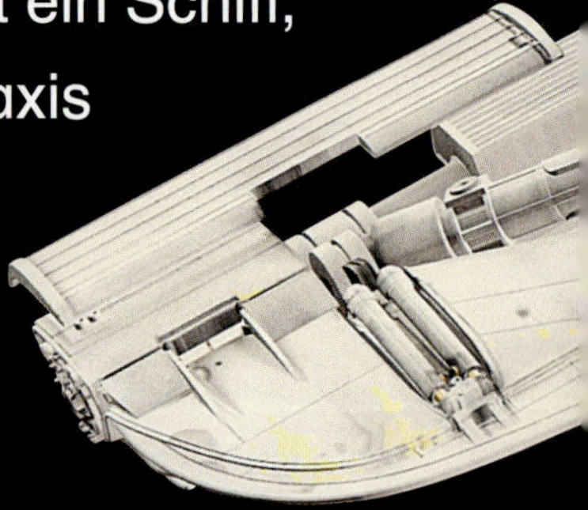

Jangos Schiff ist für die Kopfgeldjagd bestens geeignet. Er hat es aus einem Gefängnis gestohlen, daher waren bereits Zellen eingebaut. Zusätzlich hat er noch einige Verbesserungen vorgenommen.

Die größten Veränderungen hat Jango an der Bewaffnung des Schiffs vorgenommen. Es hatte bereits Blasterkanonen, aber er hat viele versteckte Geschütze wie Laserkanonen und Raketenwerfer hinzugefügt. Zudem hat er Kojen für lange Reisen eingebaut und die Gefängniszellen zu sargähnlichen Wandschränken umgebaut, damit niemand daraus entkommen kann.

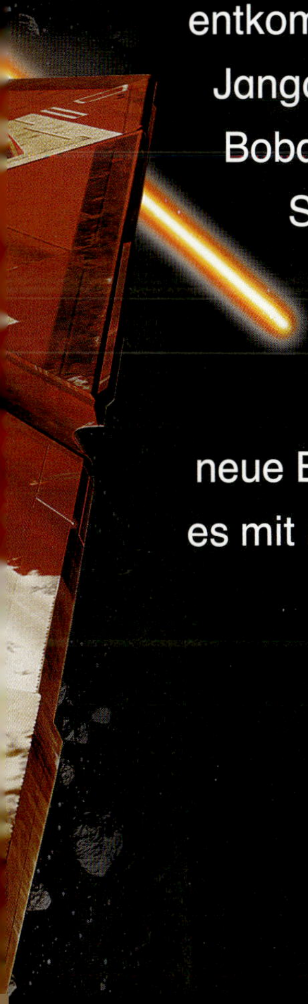

Jango Fett ist oft mit seinem Sohn Boba unterwegs. Jango fliegt das Schiff, während Boba zuschaut und von seinem Vater lernt. Als Boba Fett in Jangos Fußstapfen tritt, wird er der neue Besitzer des Schiffs. Er stattet es mit noch mehr Extras aus.

Wie entkommt man einem Kopfgeldjäger?

Der Kopfgeldjäger Jango Fett ist hinter Obi-Wan Kenobi her! Für Fetts Ziele gibt es meist kein Entrinnen. Obi-Wan muss sich schnell etwas einfallen lassen, um zu überleben.

1

Der Feind naht
Fliege schneller und versuche, dem Schiff des Kopfgeldjägers zu entkommen.

2

Weiche dem Feind aus
Biete deine besten Flugmanöver auf, um dem Laserfeuer des Feinds zu entgehen.

3

Sei wachsam
Wenn du in einem Asteroidengürtel bist, gib acht, dass dich keiner der Asteroiden trifft.

4

Sorge für Ablenkung
Wenn ein Asteroid explodiert, lass den Kopfgeldjäger glauben, es hätte dein Schiff erwischt.

5

Verbirg dich
Verstecke dich hinter einem Asteroiden und warte, bis der Angreifer weg ist.

Kanonenboote der Republik

Als die Jedi-Ritter, die Verteidiger der Republik, auf dem Planeten Geonosis von Truppen der Handelsföderation umzingelt werden, eilen ihnen Kanonenboote zu Hilfe. Diese Schiffe sind besonders wichtig für den Erfolg einer Mission der Republik. Sie können Truppen direkt an ihrem Einsatzort absetzen und schnell wieder abheben.

Ein Kanonenboot der Republik kann bis zu 30 Truppler und 4 Düsenschlitten zu ihren Positionen auf dem Schlachtfeld bringen. Seine robuste Schiffshülle widersteht selbst starkem Kanonenfeuer. Meist kommt es mit ein paar Dellen davon.

Kanonenboote der Republik können auch aus der Luft feindliche Bodentruppen und Landfahrzeuge ins Visier nehmen.

Jedi-Sternenjäger

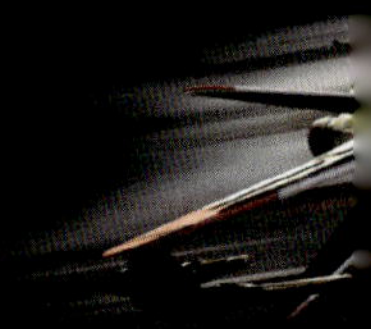

In der Hitze eines Raumgefechts zählt jede Sekunde. Jedi wie Anakin Skywalker und Obi-Wan Kenobi verlassen sich auf ihre Sternenjäger, um unbeschadet durch ein umkämpftes Gebiet zu fliegen. Oftmals werden sie dabei von anderen Schiffen wie ARC-170-Jägern begleitet.

Anakin befindet sich noch in der Ausbildung zum Jedi-Ritter. Sein Sternenjäger ist klein, aber leistungsstark. Anfangs war er ein normales Jedi-Schiff, aber Anakin hat ihn mit seinem Talent als Mechaniker immer weiter verbessert. Er hat schwere Fluginstrumente und sperrige Schilde entfernt, um noch schneller und wendiger zu sein. In Erinnerung an seinen alten Podrenner hat er das Schiff sogar gelb lackiert.

Unsichtbare Hand

Das Flaggschiff der Handelsföderation, die *Unsichtbare Hand,* ist das modernste Schiff der Flotte. Seine Schilde und die extradicke Außenhülle schützen es vor Attacken durch feindliche Schiffe. In einer heftigen Schlacht wird der Anführer der Republik, Kanzler Palpatine, entführt und auf dem Schiff gefangen gehalten.

Obi-Wan und Anakin eilen dem Kanzler zu Hilfe. An Bord der *Unsichtbaren Hand* besiegen die Jedi Palpatines Entführer. Aber das Schiff fängt Feuer! Obwohl es in der Mitte auseinanderbricht, schafft Anakin es, mit den Resten des Schiffs zu landen, bevor alles in Flammen aufgeht. Der Kanzler ist gerettet!

Rettungskapseln

Manchmal ist es das Beste, schnell das Weite zu suchen, besonders wenn das eigene Leben in Gefahr ist. In solchen Fällen ist eine Rettungskapsel ein willkommener Anblick. In den meisten großen Raumschiffen und sogar auf einigen Planeten gibt es solche Rettungskapseln. Kleinere Schiffe wie Sternenjäger haben Schleudersitze.

Rettungskapseln ähneln Rettungsbooten. Einige bieten Platz für nur eine Person, andere für mehrere.

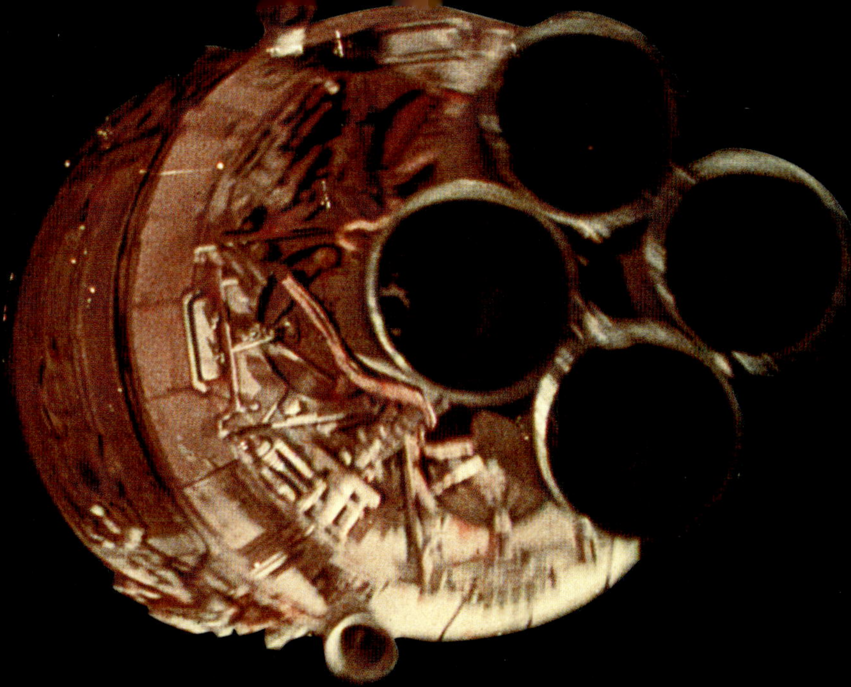

Ist die Kapsel einmal gestartet, sucht sie automatisch einen Planeten in der Nähe, um dort zu landen.
Eine typische Rettungskapsel hat genug Vorräte an Bord, um die Passagiere bis zu ihrer endgültigen Rettung zu versorgen.
Mit Kommunikationsgeräten können sie Hilfe rufen. Dabei müssen sie nur hoffen, dass jemand freundlich Gesinntes ihre Botschaft erhält!

Imperiale Shuttles

Die friedliche Republik wurde von Palpatine übernommen. Er schmiedet stets hinterlistig Pläne mit nur einem Ziel: mehr Macht. Die Republik ist nun Palpatines Imperium und er selbst der Imperator.
Palpatine benutzt ein imperiales Shuttle als seine Privatfähre. Es wirkt wie ein riesiger Raubvogel. Allein der Anblick des Schiffs lässt alle zittern, die das Imperium fürchten.

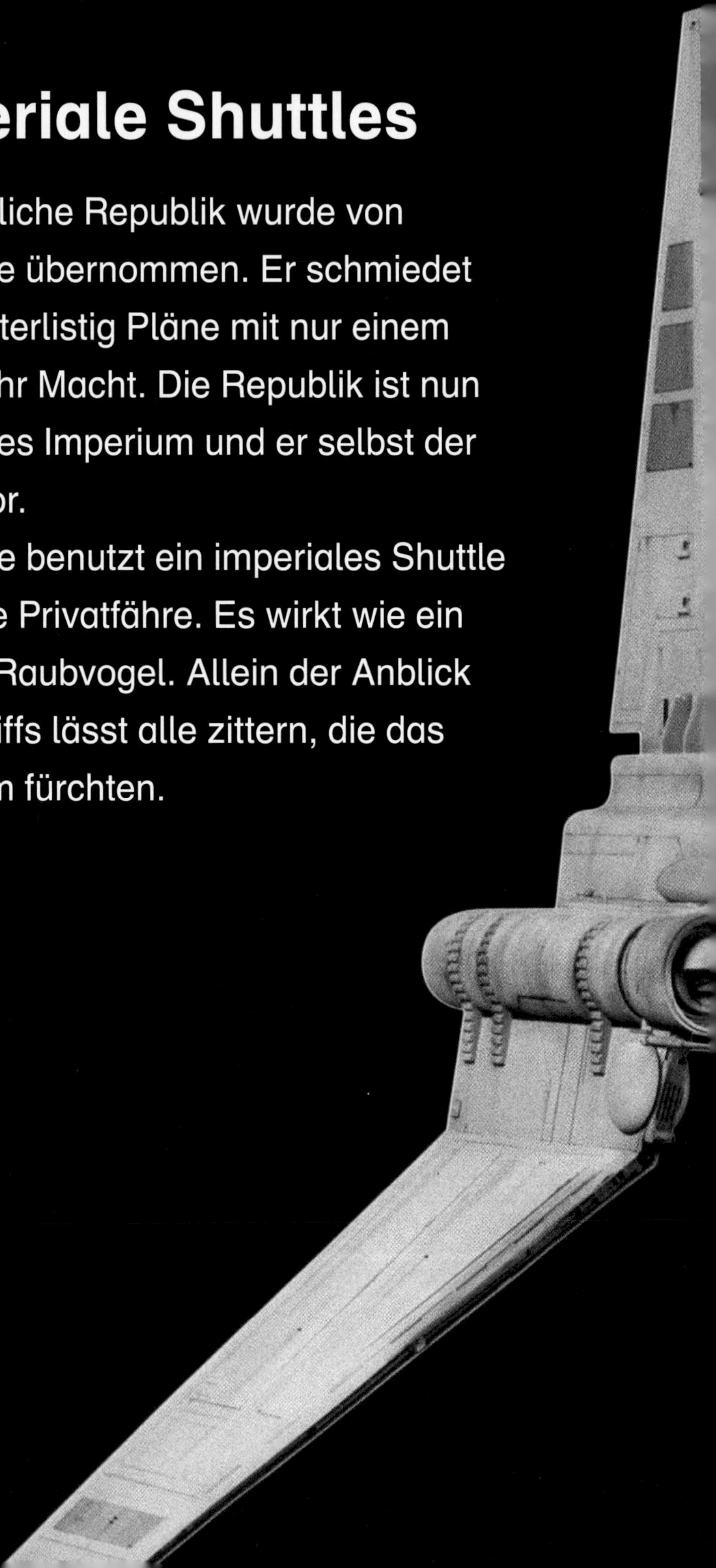

Andere wichtige Amtsträger des Imperiums nutzen auch solche Shuttles. Einer davon ist der böse Darth Vader.

Ein imperiales Shuttle kann bis zu 20 Passagiere und dazu Fracht transportieren. Blasterkanonen, Schilde und eine starke Außenhülle schützen es vor Angriffen.

Die Seitenflügel des Shuttles klappen im Flug nach unten und zur Landung nach oben.

TIE-Jäger

Kleine, TIE-Jäger genannte Schiffe sind die verbreitetsten Sternenjäger der imperialen Flotte. Sie sind einfach gebaut und günstig, weil sie in großer Stückzahl hergestellt werden. „TIE“ steht für die „Turbo-Ionen-Energie“ ihres Zwillingsionenantriebs. TIE-Jäger gehen in Wellen auf Gegner los – manchmal zu Hunderten.

Ein einzelner TIE mag leicht zu besiegen sein, aber stets kommen zig neue nach. Damit diese Einmannjäger schneller sind, gibt es keine schwere Ausrüstung an Bord. Die einzigen Geschütze sind zwei Laserkanonen. Oft feuern Dutzende TIE-Jäger gleichzeitig auf ein Ziel, um so ihre Feuerkraft zu erhöhen.

Einen TIE-Jäger zu fliegen ist ganz schön riskant. Weil es nur wenige lebenserhaltende Systeme an Bord gibt, tragen die Piloten Schutzanzüge. TIE-Jäger sind schnell und wendig, haben aber keine Schutzschilde, die feindlichen Beschuss abwehren. So sind sie mit ihren großen Flügeln gerade von der Seite leichte Ziele. Da kommt es sehr gelegen, dass es scheinbar einen unendlichen Nachschub an TIE-Piloten gibt. TIE-Jäger geraten oft in heftige Gefechte den Gegnern des Imperiums, zum Beispiel den Freiheitskämpfern der Rebellenallianz.

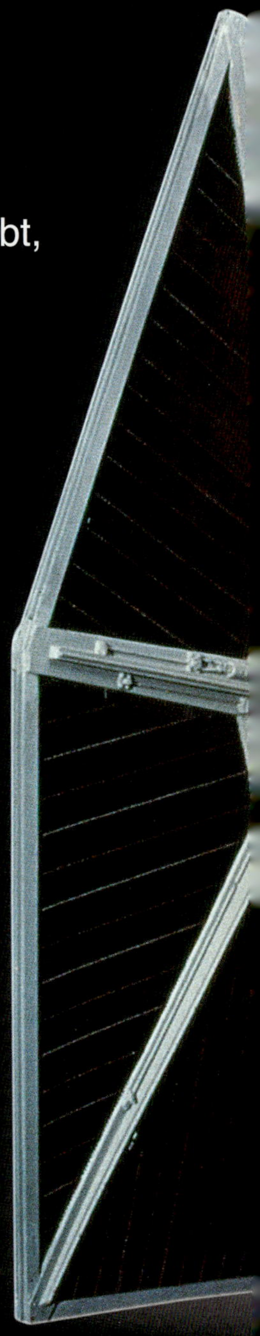

Rebellenflotte

Die Rebellenallianz ist bereit, es mit dem Imperium aufzunehmen! Ihre Piloten holen alles aus Schiffen wie starken Blockadebrechern und legendären X-Flüglern heraus.

B-Flügler

Hohe Feuerkraft für maximale Wirkung

Ausrüstung:

- 3 Ionenkanonen
- 1 schwere Laserkanone
- 1 Doppelblaster
- 2 Torpedowerfer

Schon gewusst?

Diese Schiffe besiegten in der Schlacht von Endor viele imperiale Sternenjäger.

X-Flügler

Perfekter Mix aus Tempo und Feuerkraft

Ausrüstung:

- 4 Laserkanonen
- 2 Torpedowerfer

Schon gewusst?

Mit einem X-Flügler gelang es, den ersten Todesstern zu zerstören.

A-Flügler

Hohes Tempo für blitzschnelle Attacken

Ausrüstung:

- 2 Laserkanonen
- 2 Raketenwerfer

Schon gewusst?

Ein A-Flügler ließ erfolgreich einen Supersternenzerstörer abstürzen.

Blockadebrecher

Starker Antrieb, um fast allem zu entkommen

Ausrüstung:

- 2 Doppelturbolaser
- 4 einfache Laserkanonen

Schon gewusst?

Prinzessin Leia nutzte einen Blockadebrecher für ihre Reisen durchs All.

Millennium Falke

Wer sich den ramponierten *Millennium Falken* so anschaut, kann sich kaum vorstellen, dass er eines der schnellsten Schiffe der Galaxis ist. Sein Besitzer Han Solo war früher Schmuggler und kämpft heute mit der Rebellenallianz gegen das böse Imperium.

Der *Millennium Falke* ist in der ganzen Galaxis für seine Geschwindigkeitsrekorde bekannt. Das untertassenförmige Schiff ist dank seines Hyperantriebs so schnell. Das Raumschiff verfügt über starke Sensoren und mehrere Geschütze wie Laserkanonen und Raketenwerfer.

Der *Falke* macht von außen nicht viel her. Die Außenhülle ist verbeult und hat Rußflecken, und das ganze Schiff wirkt, als hätte es eine Reparatur nötig. Aber Han und sein Co-Pilot Chewbacca haben im Lauf der Jahre viele Extras eingebaut, wie zum Beispiel verstecke Blasterkanonen und geheime Frachtabteile.

Das Schiff kann nun sogar imperialen TIE-Jägern entkommen und eignet sich perfekt für Rettungsmissionen. Hans Raumschiff hat ihm schon oft aus der Klemme geholfen. Es ist vielleicht nicht das schönste Schiff der Galaxis, aber der *Millennium Falke* enttäuscht ihn nie.

Blick in den *Millennium Falken*

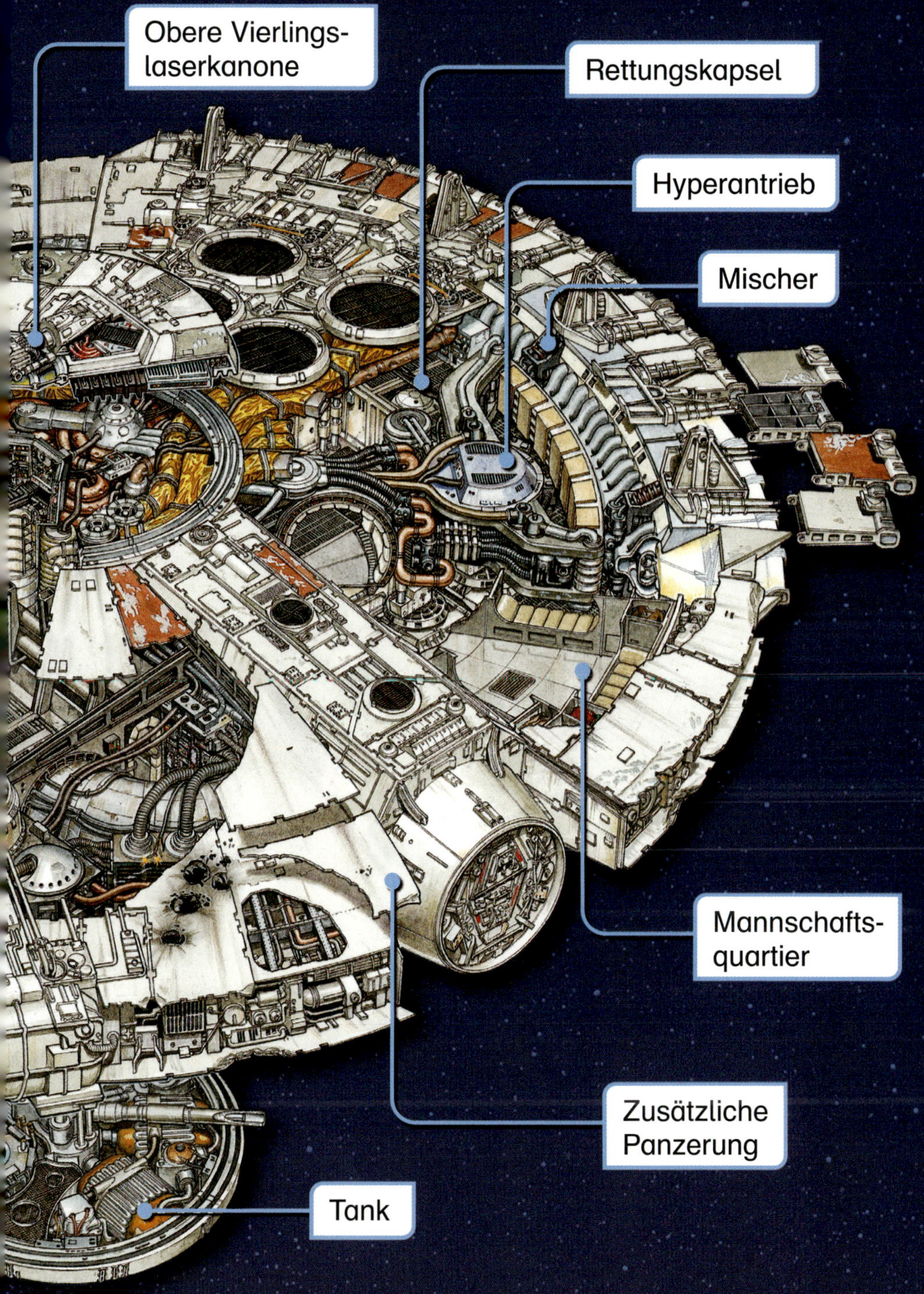
Obere Vierlings-
laserkanone
Rettungskapsel
Hyperantrieb
Mischer
Mannschafts-
quartier
Zusätzliche
Panzerung
Tank

X-Flügel-Jäger

Ein X-Flügel-Jäger ist zwar klein, aber eines dieser Schiffe konnte den ersten Todesstern des Imperiums zerstören! Sicher, Luke Skywalker, der mutige, junge Pilot der Rebellenallianz, der an diesem Tag am Steuer saß, hatte Jedi-Kräfte.

Dass er aber in diesem Sternenjäger saß, hat seine Chancen deutlich verbessert. Denn ohne das richtige Raumschiff würde auch einem Jedi diese gefährliche Mission wohl nicht gelingen.
Das Schiff verdankt seinen Namen der Form seiner Flügel. Im Gefecht stellen sie sich X-förmig auf. An der Spitze eines jeden Flügels sitzt eine Laserkanone.

X-Flügler sind die häufigsten Sternenjäger der Rebellenallianz. Die schnellen Schiffe sind mit Torpedowerfern ausgestattet und verfügen über Spezialausrüstung, die den Piloten beim Fliegen unterstützt.
Die Rebellenallianz schmiedet einen Plan, den Todesstern zu zerstören. Wenn ein Torpedo den Reaktor der Raumstation trifft, wird der ganze Todesstern explodieren!

Um das zu schaffen, muss ein Torpedo in einem langen Graben ein winziges Loch treffen. Die Rebellenpiloten versuchen das fast Unmögliche. Nur der spätere Jedi Luke Skywalker trifft das Ziel – mit etwas Hilfe von Han Solo in seinem *Millennium Falken*. Nachdem Luke den Todesstern in die Luft gejagt hat, wird der X-Flügel-Jäger unter den Piloten der Rebellenallianz legendär. Ist er womöglich der beste Einmannjäger, der je gebaut wurde?

Supersternenzerstörer

Es gibt viele große Dinge, und manches kommt auch in Übergröße daher. Der Supersternenzerstörer *Executor* ist so groß, dass man es kaum fassen kann! Mit seinen 19 Kilometern Länge ist er das größte Raumschiff seiner Zeit. Der schreckliche, dolchförmige Gigant ist das Kommandoschiff von Darth Vader.

Die enorme Größe des Supersternen-zerstörers ist ein Symbol für die Macht und Stärke des Imperiums.
Darth Vaders Schiff ist mit Tausenden von Geschützen bestückt und allzeit bereit, es mit der Rebellenallianz aufzunehmen.
Es kann Tausende Truppen, Sternenjäger, Fahrzeuge und sonstige Ausrüstung transportieren.

Ein Deflektorschild schützt den Supersternenzerstörer vor Angriffen, und ein Kommunikationsturm stellt sicher, dass vom Schiff aus Nachrichten übermittelt werden können. Die *Executor* ist der erste von mehreren Supersternenzerstörern des Imperiums. Aber selbst diese riesigen Schiffe können die Rebellenallianz nicht aufhalten.

In der Schlacht von Endor stürzt ein außer Kontrolle geratener A-Flügler der Rebellenallianz in die Brücke der *Executor.* Der Einschlag beschädigt die Steuerung schwer, sodass der Supersternenzerstörer nicht mehr der Anziehungskraft des zweiten Todessterns trotzen kann. Bei dem Zusammenstoß gibt es eine spektakuläre Explosion.

Begriffe

Brücke
Der Teil eines großen Raumschiffs, von dem aus es gesteuert und befehligt wird.

Droide
Eine Art Roboter. C-3PO ist ein Droide.

Fracht
Die Ladung, die von einem Schiff transportiert wird.

Freiheitskämpfer
Jemand, der frei von der Herrschaft eines anderen sein möchte. Die Rebellenallianz kämpft für die Freiheit von der Herrschaft des Imperiums.

galaktisch
Etwas, das zur Galaxis gehört oder damit zu tun hat.

Galaxis
Eine riesige Ansammlung von Millionen Sternen und Planeten.

Handelsföderation
Organisation, die große Teile des Handels in der Galaxis kontrolliert.

Hyperantrieb
Eine Maschine, mit deren Hilfe Raumschiffe unglaublich schnell durchs All fliegen können.

imperial
Etwas, das zum Imperium gehört oder damit zu tun hat.

Imperium
Ein großes Gebiet, das von einem Alleinherrscher regiert wird. Imperator Palpatine herrscht über das Galaktische Imperium.

Jedi-Ritter
Jemand mit besonderen Kräften, der das Gute in der Galaxis verteidigt. Anakin Skywalker, Luke Skywalker und Obi-Wan Kenobi sind Jedi-Ritter.

Mechaniker
Jemand, der gut darin ist, Maschinen zu bauen und zu reparieren.

Planet
Riesiger, kugelförmiger Himmelskörper, der um einen Stern kreist. Naboo ist ein Planet.

Reaktor
Eine Vorrichtung, die Energie produziert – zum Beispiel für den Antrieb von Raumschiffen und Raumstationen.

Rebellenallianz
Eine Gruppe von Leuten, die sich zusammengetan haben, um das böse Imperium zu besiegen.

Republik
Die demokratische Regierungsform der Galaxis unter Führung eines gewählten Kanzlers.

Schmuggler
Jemand, der heimlich Waren von einem Ort zum anderen bringt, um mit deren Verkauf Geld zu machen.

Star Wars-Quiz

1. Wozu dient das Droidenkontrollschiff der Handelsföderation?
2. Welche Farbe hat die Außenhülle des Raumschiffs von Königin Amidala?
3. Wie schnell kann ein Podrenner werden?
4. Wie heißen die kleinen Schiffe von Naboo, die das Raumschiff der Königin begleiten?
5. Welchem Beruf geht Jango Fett mit seinem Raumschiff nach?
6. Wie viele Düsenschlitten kann ein Kanonenboot der Republik mitführen?
7. In welcher Farbe hat Anakin Skywalker seinen Jedi-Sternenjäger lackiert?
8. Wer wird entführt und an Bord der *Unsichtbaren Hand* gefangen gehalten?
9. Was passiert mit den Seitenflügeln eines imperialen Shuttles bei der Landung?
10. Wie viele Ecken hat ein Flügel eines TIE-Jägers?
11. Wie heißt der Co-Pilot des *Millennium Falken*?

Antworten für das Quiz:
1. Zur Fernsteuerung der Kampfdroiden, **2.** Silber, **3.** Über 800 km/h, **4.** N-1-Sternenjäger, **5.** Kopfgeldjagd, **6.** Vier, **7.** Gelb, **8.** Kanzler Palpatine, **9.** Sie klappen nach oben, **10.** Sechs, **11.** Chewbacca.

Liebe Eltern,

Lesen macht Spaß! Denn es gibt so viele spannende Geschichten. Und Lesen ist sehr nützlich, denn viele Informationen erschließen wir uns lesend. Beides sollte Ihr Kind am Ende seines Leselern-Prozesses erfahren haben.

Mit den **SUPER**LESER!-Büchern für Erstleser möchten wir Ihrem Kind genau das vermitteln. Die Leseabenteuer in drei verschiedenen Lesestufen verbinden wunderbar spannende Geschichten mit vielen interessanten und nützlichen Sachinformationen in unterschiedlichen Textformen z. B. Berichte, Briefe, Bastelanleitungen, Rezepte oder Infotafeln.

So können Sie Ihr Kind dabei unterstützen, dass es begeistert und erfolgreich lesen lernt:

Haben Sie Geduld! Nicht jedes Kind ist eine geborene Leseratte und manche brauchen etwas länger, um sich mit dem Lesen anzufreunden. Lesen Sie Ihrem Kind auch weiterhin vor. Dabei bekommt es ein Gefühl für fließendes Lesen, ausdrucksstarke Sprache und richtige Betonung. Fragen Sie es immer wieder einmal, ob es Ihnen vorlesen möchte. Seien Sie geduldig. Irgendwann wird die Neugier auf die Geschichten siegen.

Je mehr, desto besser! Mit jedem Text, den Ihr Kind liest – sei es ein Gedicht, eine Geschichte oder ein Sachtext –, werden sich seine Lesefähigkeit, sein Gefühl für Sprache und sein Verständnis schwieriger Wörter weiterentwickeln. Am besten liest es regelmäßig, aber nur so lange, wie es mag. Dabei reichen am Anfang zehn Minuten völlig aus.

Nicht zu schnell! Achten Sie darauf, dass Ihr Kind sich Zeit nimmt, jedes Wort in Ruhe auszusprechen und seine Bedeutung zu verstehen. Die Sachtexte sind für Ihr Kind etwas schwerer zu lesen als die erzählenden Passagen. Loben Sie Ihr Kind, wenn es sich ein schwieriges Wort erschlossen hat oder einen Satz noch einmal anders betont liest, nachdem es den Sinn verstanden hat.

Seien Sie ein guter Zuhörer! Wenn es bereit ist, lassen Sie Ihr Kind laut vorlesen und hören Sie ihm aufmerksam zu. Unterbrechen Sie es nur, wenn es wirklich nötig ist. Oder machen Sie zwischendurch, zum Beispiel vor Beginn eines neuen Kapitels, kleine Pausen, in denen Sie über das Gelesene sprechen. Auch die Quizfragen am Buchende bieten eine spielerische Möglichkeit, das Textverständnis zu überprüfen.

Geteilte Freude ist doppelte Freude! Laden Sie andere Zuhörer und Vorleser – Geschwister, Großeltern oder gute Freunde – ein: Lesen Sie mit verteilten Rollen oder veranstalten Sie einen Lesenachmittag. Nach der ersten Aufregung werden Stolz und Freude an den geteilten Geschichten überwiegen.

Seien Sie Vorbild! Wenn Sie selbst viel lesen, wird auch Ihr Kind dies als selbstverständliche und erfüllende Beschäftigung kennenlernen.

Spaß muss sein! Wählen Sie die Bücher und Texte nach den Interessen Ihres Kindes aus. Das erhöht die Lust aufs Lesen und sorgt für lang anhaltende Motivation.

Wir wünschen Ihnen und Ihrem Kind viel Freude beim gemeinsamen Lesen!

LESESTUFE 2

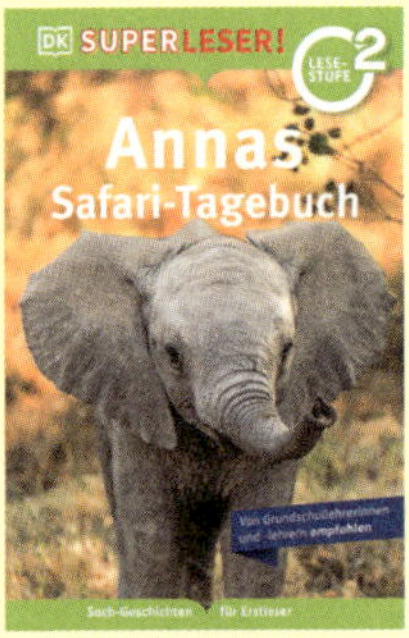
DK SUPERLESER!
LESE-STUFE 2
Annas Safari-Tagebuch

DK SUPERLESER!
LESE-STUFE 2
Die geheime Welt der Haie

DK SUPERLESER!
LESE-STUFE 2
STAR WARS
DIE GESCHICHTE VON DARTH VADER

DK SUPERLESER!
LESE-STUFE 2
STAR WARS
MUTIGE HELDEN

DK SUPERLESER!
LESE-STUFE 2
Expedition zum Mars

DK SUPERLESER!
LESE-STUFE 2
Kampf um Burg Eliot

DK SUPERLESER!
LESE-STUFE 2
STAR WARS
RAUMSCHIFFE DER GALAXIS

DK SUPERLESER!
LESE-STUFE 2
WOOZLE GOOZLE
WUNDER DER WELT

DK SUPERLESER!
LESE-STUFE 2
Klassenfahrt in den Wald

DK SUPERLESER!
LESE-STUFE 2
Mats und Pia retten eine Robbe

DK SUPERLESER!
LESE-STUFE 2
WOOZLE
-DIE SERIE-
GUMMIBÄRCHENALARM AM KIOSK

DK SUPERLESER!
LESE-STUFE 2
WOOZLE
-DIE SERIE-
WOOZLE ZIEHT EIN

DK SUPERLESER!
LESE-STUFE 2
Paul im Fußballcamp

DK SUPERLESER!
LESE-STUFE 2
MARVEL
SPIDER-MAN
SUPERHELDEN UND SUPERSCHURKEN